BARREAU DE NIMES

DISCOURS

PRONONCÉ

A L'OUVERTURE DE LA CONFÉRENCE

DE

MESSIEURS LES AVOCATS STAGIAIRES

(10 décembre 1877)

PAR

Me Louis MICHEL, avocat

Bâtonnier de l'Ordre.

NIMES

TYPOGRAPHIE CLAVEL-BALLIVET

12 — RUE PRADIER — 12

—

1877

BARREAU DE NIMES

DISCOURS

PRONONCÉ

A L'OUVERTURE DE LA CONFÉRENCE

DE

MESSIEURS LES AVOCATS STAGIAIRES

(10 décembre 1877)

PAR

Me Louis MICHEL, avocat

Bâtonnier de l'Ordre.

NIMES

TYPOGRAPHIE CLAVEL-BALLIVET

12 — RUE PRADIER — 12

1877

BARREAU DE NIMES

DISCOURS

PRONONCÉ

A L'OUVERTURE DE LA CONFÉRENCE

DE

MESSIEURS LES AVOCATS STAGIAIRES

(10 décembre 1877)

PAR

Me Louis MICHEL, avocat

Bâtonnier de l'Ordre.

NIMES
TYPOGRAPHIE CLAVEL-BALLIVET
12 — RUE PRADIER — 12

1877

(Extrait du journal *le Midi*, du vendredi 13 décembre 1877).

MES CHERS CONFRÈRES,

En reprenant le cours de vos travaux, nous nous associons, vous et moi, au succès d'une œuvre éminemment utile pour ceux qui la conduisent avec esprit de suite, et qu'il dépend de vous de faire tourner à votre très-réel profit, si, comme je l'espère, vous avez résolu d'apporter au fonds commun une bonne volonté semblable à celle dont, à défaut d'autre séduction, je vous promets d'avance le concours. Soyez convaincus, en ce qui me concerne, qu'elle ne se démentira pas un instant, et dans le cas où cette vertu un peu secondaire ne suffirait point à me concilier toute votre sympathie, laissez-moi vous dire que vos aînés en ont jugé avec plus d'indulgence, car elle constituait évidemment le principal, j'allais dire le seul titre de celui qui vous parle, à la confiance qu'a bien voulu lui témoigner notre barreau en l'appelant cette année aux honneurs du bâtonnat. Qu'il me permette de lui en exprimer ici ma confraternelle gratitude ! De toutes les responsabilités que m'impose la haute dignité à laquelle son choix vient de m'élever, une des plus lourdes peut-être, mais non certes des moins attachantes, est celle que j'assume lorsque je m'assieds à cette place pour y présider votre conférence et en diriger les débats. Je n'ignore point, et vous savez, de reste, quels maîtres m'y ont précédé, quels fruits ceux auquels est échue l'heureuse fortune d'écouter leurs leçons ont tour à tour retirés d'un tel enseignement, et il serait peu équitable à vous d'exiger de leur successeur cette expérience consommée, cette sagacité pénétrante, cette merveilleuse lucidité, cette connaissance profonde des thèses juridiques ou ce charme de la parole qui les recommandent à votre jeune admiration et vous les feront toujours prendre pour modèles.

Disciple moi-même de ces anciens, orgueil de notre tableau, c'est à peine si pour vous, Messieurs, je puis être autre chose qu'un frère ainé dont le plus vif désir est encore d'apprendre tout en cherchant à vous instruire, et qui s'efforcera de stimuler votre zèle bien plus par la constante manifestation du sien propre que par l'autorité de sa doctrine ou l'attrait de ses discours.

Gardez-vous de croire en effet, mes chers confrères, que vous deviez être les seuls à bénéficier de nos labeurs réunis ; j'entends revendiquer une large part dans les résultats qu'on en peut attendre, désireux que je suis de vous prouver par mon exemple combien, passez-moi l'expression, il est éternellement bon d'aller à l'école. Parmi les professions libérales en effet, je ne saurais trop vous le redire, la notre est sans contredit une de celles qui comportent la plus longue période de développement et d'*acquisition.* Un avocat, digne de ce nom, ne saurait être considéré comme en pleine possession de tous ses moyens avant nombre d'années d'une pratique infatigable. A partir de ses débuts à la barre il est condamné à progresser s'il ne veut décheoir, et lorsque même il a atteint sa complète maturité, son apogée pour ainsi dire, il lui reste à recueillir sans relâche et emmagasiner avec soin les provisions d'une expérience qui n'a d'autres limites que celles de sa carrière elle-même. Ajoutez à cela qu'il est étroitement tenu de modifier sa manière à mesure que se modifient autour de lui les coutumes et les mœurs ; qu'il doit se préoccuper du goût de ses contemporains, se plier aux légitimes exigences de ceux qui l'écoutent, et consulter leurs convenances et leur humeur. Je doute qu'il y ait au monde un art dont les secrets demandent un plus long temps pour qu'on les puisse tous posséder, ni qu'il s'en rencontre un autre exposé à plus de vicissitudes. Son indépendance est là pour tout racheter.

Je voudrais particulièrement m'attacher

aujourd'hui à rechercher avec vous les causes premières de cette incessante transformation qui travaille le barreau et marquer l'endroit précis où elle l'a amené. Cette étude aurait une double efficacité. D'abord elle porterait vos esprits à réfléchir sur les raisons d'être de notre institution et les conditions de sa vitalité ; puis elle vous indiquerait en peu de mots à quelle phase de son développement il faut vous attendre à la rencontrer. Aussi bien n'est-il pas indifférent de se poser quelquefois cette question : Où en sommes-nous ? Et d'imiter le marin qui, sous peine de faire fausse route, est astreint chaque jour à « relever le point ».

Bien qu'il existe une très-positive science du droit, le Droit, à proprement parler, n'est pas une science. Nous connaissons un droit hindou, un droit mosaïque, un droit romain, un droit coutumier ; mais nous ne connaissons pas une chimie, une biologie, une physique ou une astronomie anglaise, allemande ou française. Cela vient de ce que la science se fonde sur des lois rigoureusement et nécessairement exactes, par suite générales, sorties du creuset de la méthode inductive, alors que le Droit est au contraire constitué par la réglementation souvent arbitraire, toujours empirique et partant variable, des rapports individuels et sociaux. Ainsi la pensée ne saurait concevoir le principe d'Archimède ou les lois de Kepler admis chez un peuple et niés chez un autre, tandis quelle accepte sans répugnance que la matière hypothécaire, par exemple, ou l'ordre des successions soient régis par des dispositions diverses et même opposées, suivant les temps et suivant les lieux. « Les conventions légales, dit quelque part Benjamin Constant, ne sont pas des choses naturelles ou immuables, mais des choses factices, susceptibles de changement, créées pour remplacer des vérités encore peu connues, pour subvenir à des besoins momentanés, et devant par conséquent être amendées, perfectionnées, et surtout restreintes, à mesure que ces vérités se découvrent, ou que ces besoins se modifient (1) ». Sans doute, à prendre le mot dans son acception supérieure, le droit, ou plutôt la notion du droit, puise sa source dans le phénomène de conscience, et son principe, les hautes abstractions d'où il émane le rangent parmi les problèmes les plus ardus, les plus obscurs que rencontre sur ses pas l'esprit humain. Par là, il se lie intimement à la philosophie, cette mère, ce point de jonction de toutes les sciences. Mais ce n'est pas, vous le comprenez, de ce pur concept que je songe à vous entretenir. Le droit tangible et immédiat, contingent et relatif, réalisé dans nos Codes est le seul

(1) Benjamin Constant, *Mélanges de littérature et de politique*, p. 413.

qui puisse ici nous occuper, et tout d'abord il apparaît clairement à nos yeux comme la résultante directe des besoins moraux et matériels dont pullule la société. Envisagé sous cet aspect, il est mobile, il varie d'époque à époque, de nation à nation, et cette variation est une nécessité de son origine, que dis-je ! elle est son essence même. Abrégé des usages, des coutumes, des aspirations, des préjugés de la collectivité, il incarne son idéal de moralité, de justice et de bien-être. Il change et se déplace naturellement avec lui. « Une relation étroite et féconde, écrivait naguère M. Bardoux, existe entre la législation et le mouvement philosophique d'un temps (1) ». Le droit civil surtout accuse avec une puissance incomparable la rigueur de ce lien. « Expression du génie d'un peuple, ajoute quelques lignes plus loin le même auteur, il permet de suivre ses différentes phases d'une manière sûre et reflète nettement ses vices et ses qualités. Touchant aux intérêts publics et à la vie privée, il grandit avec le sens commun ; il résume un monde par les côtés à la fois généraux, individuels et pratiques (2) ». Le propre de la loi, vous le voyez, Messieurs, est d'osciller éternelle-

(1) *Les légistes, leur influence sur la société française*, p. 181.

(2) *Ibid.*, p. 182.

ment entre les forces morales ou économiques qui la sollicitent, comme une sorte de pendule régulateur des sociétés. Supposez-la frappée par malheur d'une immobilité subite, elle cesse tout-à-coup de correspondre aux idées de son milieu ; elle le heurte de front, et de deux choses l'une : ou sa force de résistance est alors capable d'en arrêter la marche et parvient à l'immobiliser avec elle, ou l'obstacle qu'elle oppose à son libre développement est anéanti, broyé par le choc. C'est-à-dire dans un cas, la léthargie, dans l'autre, le cataclysme. « Les états périraient, selon le mot de Pascal, si on ne faisait plier souvent les lois à la nécessité (1) ». Loin donc de la pousser à de si redoutables extrémités, sa mission de progrès l'oblige à obéir au contraire à la permanente impulsion qu'elle reçoit du corps social, et ce n'est encore que très-imparfaitement qu'elle se prête à en suivre les diverses fluctuations. C'est pourquoi Sumner Maine a pu dire que, dans nos races progressives, « les besoins sociaux et l'opinion publique sont toujours plus avancés que le droit (2) ». Comme pour s'y conformer il lui faut parfois un délai très-considérable, cette adaptation et la cause qui la détermine ne

(1) *Pensées*, 2me partie, art. IV, § VI.
(2) *L'ancien Droit considéré dans ses rapports avec l'histoire*, etc..., p. 24.

*

sauraient être concomitantes. Il en résulte un retard de la loi sur l'opinion dont le plus ou moins d'importance entraîne notre plus ou moins de repos et de sécurité. L'écart entre eux augmente-t-il ? nous souffrons ; diminue-t-il ? notre somme de bonheur s'accroît.

A mesure que la constitution de l'Etat incline davantage vers la démocratie, cet équilibre devient de plus en plus difficile à établir. La souveraineté de la masse apporte dans ses plans et sa ligne de conduite une persistance, une unité de vues et d'efforts beaucoup moindres que n'a coutume de le faire l'autorité du petit nombre. Aussi Tocqueville le remarque-t-il avec justesse : « L'instabilité législative est un mal inhérent au gouvernement démocratique », et la tendance d'un pareil gouvernement est d'adopter précisément la combinaison qui favorise le plus cette instabilité (1) ». Or, notre profession nous expose plus que personne à ressentir le contre-coup des changements inévitables qu'elle entraîne, et qui, étant donné le *processus* normal des idées dans notre pays, deviendront sans doute, qu'on le veuille ou non, plus fréquents chez nous de jour en jour. J'ai hâte d'ajouter avec le grand publiciste dont je viens de vous faire connaître le sentiment, que la

(1) *De la Démocratie en Amérique*, t. II, p. 139.

vaste corporation des hommes de lois, — par laquelle il comprend, sous le nom générique de Légistes, tous ceux qui l'étudient, la commentent ou l'appliquent, et dont, par le nombre et l'activité, nous sommes un des principaux groupes — constitue le plus sur contrepoids à cette dangereuse instabilité dont elle tempère les entraînements, et, selon sa propre expression « forme la plus puissante barrière contre les écarts de la démocratie (1) ». Je vous renvoie à cet égard du reste au chapitre admirable qu'il a écrit sur ce grave sujet (2).

La loi se trouve donc soumise à de perpétuels remaniements qu'il ne nous est permis ni d'ignorer ni de ne pas prévoir. Ce ne sont pas les seuls dont nous ayons à tenir compte. Sur ces retouches incessantes, œuvre exclusive du législateur, la jurisprudence en superpose quotidiennement de nouvelles qui les multiplient tout en les atténuant et les accommodant aux mœurs par une sorte d'équité naturelle. Sa fonction a pour objet d'éparpiller, si j'ose ainsi parler, la volonté centrale du premier sur une multitude de cas particuliers, d'introduire dans la pratique les généralisations de la prescription légale ; elle a pour moyen le pouvoir de distinguer et de sous-distinguer,

(1) *De la Démocratie en Amérique*, t. II, p. 164.

(2) *Ibid.*, t. II ch. VIII.

de diversifier son interprétation à l'infini dans des proportions dont elle est l'unique et souverain appréciateur. Chaque difficulté qui lui est déférée, remarquez-le, donne lieu de sa part à une application spéciale au fond de laquelle, sans s'écarter en rien de ses attributions, elle fait pénétrer une parcelle de loi toujours susceptible de se différencier de la parcelle voisine.

C'est au travers d'éléments aussi complexes que nous sommes appelés à nous mouvoir et il ne peut pas se faire que leur mobilité n'influe sur le jeu de notre institution et sur ses destinées. Voyons ce qui en est advenu. Depuis la promulgation de nos grandes lois fondamentales, moins sujettes aux changements, mais qui n'en sont pourtant pas entièrement à l'abri, les efforts permanents du magistrat ont visé et abouti à dégager du texte un certain nombre de principes, à peu près incontestés aujourd'hui, devant l'autorité desquels chacun est disposé à s'incliner tout comme devant le texte lui-même. Il s'ensuit qu'au lieu de discuter la loi, ce qu'il fallait faire jadis pour en éclairer le sens souvent obscur, on se borne presque à l'énoncer en rappelant qu'il n'y a plus maintenant deux façons de la comprendre. D'où le danger, mes chers confrères, que si nous n'en sommes dispensés pour cela ni de la connaître, ni de l'examiner, nous ressentons beauconp moins en revanche la nécessité qui pesait sur nos devanciers de la creuser et de l'approfondir. Leurs travaux nous profitent, mais nous serions peut-être pour la plupart hors d'état de les recommencer. Nous nous servons journellement du très-puissant outillage qu'ils ont créé et nous sommes trop portés à oublier par moments, contre toute justice, les veilles et les fatigues qu'il leur a coûtées. Il arrive bien de temps à autre qu'une question neuve, imprévue, surgit et veut être résolue ; mais c'est une exception de plus en plus rare, qui ne fait d'ordinaire que nous démontrer cruellement notre infériorité par rapport aux juristes d'autrefois, ces robustes ouvriers de la première heure.

Un pareil état de choses offre des avantages et des inconvénients que je viens de vous faire pressentir. Il importe de signaler les uns et les autres avec une égale franchise.

Des avantages : puisqu'il nous débarrasse des subtilités, des redites et des hors-d'œuvre ; puisqu'il nous permet d'embrasser rapidement et presque d'un coup-d'œil l'état de la question, de nous fixer avec promptitude et précision sur la portée de tel ou tel article, d'en tirer les plus prochaines conséquences, enfin et surtout d'économiser un temps précieux que nous aurions dépensé en d'ingrates et rebutantes recherches ; — temps qu'il nous devient désormais loisible de consacrer soit à une étude plus ample du dossier, soit à divers travaux intellectuels d'un autre ordre capables d'enrichir le trésor de nos connaissances, d'élargir notre horizon, et développer nos facultés, de nous faire franchir en un mot les bornes d'une spécialité restreinte.

Des inconvénients aussi, hélas ! ai-je dit : car la trop grande facilité des investigations nous éloigne peu à peu des études juridiques et contribue à nous en dégoûter. L'habitude que nous contractons bien vite de compter sur nos recueils finit par nous ôter celle de raisonner à fond les thèses de droit ; nous osons trop peu penser par nous-mêmes ; nous en venons à manquer de solidité ; la vigueur de notre dialectique en souffre ; notre discussion s'énerve ; notre énergie se perd ; et chacun, en dernière analyse, considère comme superflu de se demander le *pourquoi* des choses, sachant qu'il lui suffira d'étendre la main pour s'en procurer à l'instant, très-savamment élaboré par d'autres, le logique *parceque*.

Si telle est bien notre situation il y aura sagesse pour nous à tacher d'en combattre les conséquences nuisibles, sans laisser échapper celles qui nous sont favorables ; mais persuadons-nous bien que, quoi que nous fassions, il ne sera plus en notre pouvoir de revenir en arrière. Le passé est bien mort ; l'évolution se poursuit ; le courant nous emporte et nous chercherions vainement à lutter contre lui.

Tout ceci vous explique, mes chers confrères, comment et en quoi notre rôle a subi une véritable modification. Ce rôle consiste à mettre en œuvre le droit, à le juxtaposer au fait et tant que le droit donnait lieu à contestation, la plus grosse part du débat se passait à l'élucider. Pour peu que vous fréquentiez nos salles d'audience, vous ne tarderez pas à découvrir que c'est à présent l'inverse qui se produit. Le fait prédomine, et de plus en plus apparait cette vérité, que je veux extraire de la substance même de cet entretien et recommander à vos méditations : à savoir que *le droit est créé pour le fait, non le fait pour le droit*. Faut-il en conclure qu'il ait à lui céder la place ? Ce serait vous méprendre étrangement sur le sens de mes paroles que de le penser. A Dieu ne plaise que je veuille vous dire de jamais sacrifier l'un à l'autre ? Faites effort au contraire pour les connaître également tous deux : Le fait, pour le bien circonscrire et le posséder dans toutes ses parties ; le droit, afin de savoir s'il s'applique et jusqu'où ; par la raison qu'une fois le champ du premier nettement délimité, le second devra le recouvrir et le protéger sans l'excéder ni se substituer à lui. La tâche, croyez-le, est encore assez belle, assez difficile pour vous tenter. Elle suppose chez qui s'en acquitte supérieurement une irréprochable discipline, une maîtrise parfaite de son art. Être imbu des principes généraux, de l'opinion des commentateurs les plus autorisés ; se mettre entièrement au courant de la législation et des décisions jurisprudentielles ; interroger avec ardeur les entrailles d'une cause ; apporter dans cette étude tout ce que le bon sens a de plus net, la recherche psychologique de plus délié, la raison de plus ferme et de plus droit, l'observation de plus subtil, la pratique des affaires de plus exercé ; saisir le joint de la difficulté ; deviner le terrain du débat, et ainsi équipé, rempli de son sujet, aborder la barre avec chaleur et conviction ; s'y montrer tour à tour insinuant, irrésistible, nerveux, souple, élégant et littéraire ; y faire preuve de mémoire, de présence d'esprit et de sang froid, c'est là réaliser une perfection qu'il fut donné d'atteindre à des maîtres illustres servis par un travail opiniâtre et les plus heureuses dispositions naturelles ; mais qu'il serait téméraire et décourageant tout ensemble de nous proposer de prime-saut. Néammoins il n'est interdit à personne de faire le possible pour s'en rapprocher dans la mesure de ses forces.

Les causes que je viens d'énumérer ne sont pas lès seules qui aient imprimé aux luttes du barreau une direction et des allures nouvelles. Notre institution s'est encore ressentie des merveilleuses applications scientifiques dont notre époque a été le bénéficiaire et le témoin. La précision de plus en plus parfaite de nos instruments de civilisation nous a donné à tous l'amour de l'exactitude et le besoin de la rapidité. Battre les buissons, se perdre en route, sortir de son cadre au moyen d'oiseuses digressions est aujourd'hui moins que jamais toléré. Il faut aller droit au but, sans ambages ni lenteurs. Le juge souhaite d'être promptement, clairement informé; il a raison. C'est nous qui préparons les matériaux de la solution que le plaideur attend de lui, nous serions impardonnables de lui en fournir de superflus, et d'autre part il est en droit de réclamer que nous les mettions tous à sa disposition. Il se montre justement avide de netteté, d'ordre et de méthode ; ce serait aller contre notre intérêt et celui de nos clients que d'en manquer faute d'une préparation suffisante. Aussi nous efforçons-nous de le satisfaire, d'élaguer tout ce qui ne nous parait pas absolument indispensable, et, comme toute qualité a ponr corollaire un défaut, comme, selon un mot célèbre, on tombe toujours du côté où l'on penche, il arrive bien souvent qu'au lieu de cette intempérante prolixité, jadis tant et si comiquement reprochée à ceux de notre ordre, on pourrait critiquer plutôt dans nos plaidoieries une sobriété proche parente de la sécheresse et taxer d'aridité l'excès même de leur concision.

Ne craignez pas, mes chers confrères. de pécher par le trop d'abondance. Les débutants d'ordinaire ont plus à redouter la brièveté que la longueur. Soyez simples, car la pompe, l'apprêt et la rhétorique sont passés de mode, mais soyez complèts. Le plus sûr moyen de ne rien omettre c'est de dire tout, vous risquerez toujours plutôt d'oublier que d'ajouter. Votre devoir vous oblige du reste à ne laisser aucun bon argument en route, et le magistrat, qui connaît le sien, ne demande pas mieux que de vous entendre. Il n'est impatient que si vous vous placez en dehors ou à côté de la question, car alors il ne lui sert plus de rien de vous suivre. Au contraire tant que sans sortir de votre thèse, sans vous répéter, vous l'entretiendrez de choses utiles et nouvelles, tenez pour certain qu'il vous prètera une attention toujours bienveillante et que vous vous ferez écouter sans fatigue.

Il m'a paru bon, mes chers confrères, au moment où j'allais entrer avec vous en pleine communion d'idées, d'esquisser ce rapide et nécessairement très-imparfait aperçu de quelques-unes des règles qui semblent plus spécialement dominer à l'heure actuelle la profession d'avocat. J'en ai, de parti pris, fait remonter la source à des phénomènes d'un ordre relevé, parce que je crois à l'étroite solidarité des rapports dans une société organisée comme la nôtre, et qu'une vue philosophique des choses m'a d'ailleurs toujours paru devoir précéder l'examen minutieux de leurs détails. J'ai pris soin de vous montrer sans détours ies changements les plus essentiels que le temps et les circonstances ont introduits dans notre méthode, parce que j'estime qu'il ne faut ni se faire illusion, ni se payer de mots. Sachons y voir clair et soyons de notre temps. Ne demeurons point stationnaires alors que tout chemine à nos côtés. La vie c'est le mouvement. Nos pères exerçaient leur ministère autrement que nous et ils avaient leurs raisons pour cela, comme nous avons les nôtres ponr ne pas les copier servilement. Plus tard nos fils à leur tour feront valoir d'excellents motifs afin de se créer des voies nouvelles. Ne murmurons pas ; c'est le lot de notre humanité de se renouveler sans cesse.

Vous pouvez entrevoir dès à présent quels sont dans leur ensemble les caractères distinctifs du barreau actuel. Qu'adviendra-t-il de notre ordre dans l'avenir? Quel sort lui est réservé? Il serait bien hasardeux, sinon impossible de le prophétiser. Mais ce qu'on peut hardiment affirmer, mes chers confrères, c'est qu'il n'a pas un seul jour cessé de défendre la cause de la Justice, et qu'il ne la désertera jamais, tant que se perpétueront parmi ses membres les généreuses et fortes traditions, dont, à si juste titre, ils sont tous également fiers, soucieux et jaloux.

Nimes, typ. Clavel-Ballivet, rue Pradier, 12.

www.ingramcontent.com/pod-product-compliance
Lightning Source LLC
LaVergne TN
LVHW010015230826
846092LV00002B/831

* 9 7 8 2 0 1 9 2 3 0 5 8 6 *